2014
中国人才资源统计报告

中共中央组织部

党建读物出版社

《中国人才资源统计报告—2014》
编委会和编辑人员

编者说明

一、《中国人才资源统计报告—2014》系统收录了全国及各省（自治区、直辖市）2014年人才发展、监测与评价总体状况和公有制领域人才队伍建设情况的统计数据，是一部较为全面反映我国人才发展状况的统计资料。

二、本报告正文内容分为三个部分，即：1. 人才发展主要指标；2. 人才队伍建设统计指标，包括党政人才、公有制经济领域企业经营管理人才和公有制经济领域专业技术人才队伍建设情况；3. 国家人才发展监测与评价主要指标。

三、本报告相关篇章前设有《简要说明》，对本篇章资料的主要内容、统计范围与对象、报告期、资料来源与调查方法等情况予以简要概述；篇末附有《主要统计指标解释》。在不同篇章的下部标有注解，主要是对该篇章有关统计口径及需说明的情况进行解释。对于统计口径相同的指标，仅在该指标第一次出现的篇章中作出解释。

四、本报告所涉及的全国性统计数据，除个别指标已单独标注外，均未包括香港、澳门特别行政区和台湾省数据。

五、符号使用说明：报告各表中的“空格”表示该项统计指标数据不详或无该项数据；“#”表示其中的主要项。

六、本报告所使用的度量衡单位均采用国际统一标准计量单位。

七、本报告中部分数据合计数或相对数由于单位取舍不同而产生的计算误差，均未做机械调整。

目　录

一、人才发展主要指标

二、人才队伍建设

一、人才发展主要指标

简要说明

一、主要内容

本篇资料通过四个主要指标反映2014年度全国人才资源总体情况，包括：每万劳动力中研发人员、主要劳动年龄人口受过高等教育的比例、人力资本投资占国内生产总值比例、人才贡献率。

二、报告期

本篇资料中，2014年每万劳动力中研发人员、主要劳动年龄人口受过高等教育的比例为时点指标，统计截止时间为2014年12月31日。2014年人力资本投资占国内生产总值比例、人才贡献率为时期指标，其中2014年人力资本投资占国内生产总值比例的统计起止时间为2014年1月1日至12月31日，2014年人才贡献率为2008—2014年的平均值。

三、资料来源

本篇资料中，每万劳动力中研发人员指标由科技部计算提供；主要劳动年龄人口受过高等教育的比例指标由教育部计算提供；人力资本投资占国内生产总值比例指标和人才贡献率指标由国家统计局计算提供。

1-1 国家人才发展主要指标

指　标	单　位	2014年
每万劳动力中研发人员	人年/万人	48.0
主要劳动年龄人口受过高等教育的比例	%	15.8
人力资本投资占国内生产总值比例	%	15.3
人才贡献率	%	32.5

主要统计指标解释

每万劳动力中研发人员　指每万劳动力（就业人口）中研发人员全时当量数。研发人员指参与研发项目研究、管理和辅助工作人员，包括项目（课题）组人员、企业科技行政管理人员和直接为项目（课题）活动提供服务的辅助人员。测度研发人员采用全时当量（即人年）。

主要劳动年龄人口受过高等教育的比例　指 20—59 岁人口中接受过大专及以上学历教育的人数所占比例。

计算公式：

主要劳动年龄人口受过高等教育的比例＝ 20—59 岁受过高等教育的人口数 /20—59 岁总人口数 ×100%

人力资本投资占国内生产总值的比例　指全社会教育支出、卫生支出和研发（R&D）支出之和占 GDP 的比例。

人才贡献率　即人才资本对经济增长的贡献率，是指人才资本作为经济运行中的核心投入要素，通过其自身形成的递增收益和产生的外部溢出效应，对经济增长所作出的贡献份额。基本方法是：采用基于麦迪森（*Maddison*）系数的受教育年限法测度人力资本存量，进而将人力资本分解为基础人力资本和专业化人力资本（即人才资本）两个部分，而后运用柯布—道格拉斯（*Cobb-Douglas*）生产函数（简称 C–D 生产函数）的人力资本分类模型，进行分离和测算。

C–D 生产函数型的人力资本分类模型如下：

$$Y=AK^{\alpha}H_r^{\beta}H_c^{\gamma}e^{\mu} \qquad (1)$$

其中，Y 为产出变量（GDP），A 为综合效率常数，K 为物质资本存量，H_r 为基础人力资本，H_c 为人才资本，α、β、γ 分别为 K、H_r、H_c 的产出弹性，A、α、β、γ 均为待估计参数。

为了估计（1）中的未知参数，对（1）两边取对数，得到线性方程：

$$\ln Y = \ln A + \alpha \ln K + \beta \ln H_r + \gamma \ln H_c + \mu \qquad (2)$$

将方程（2）变换为差分方程的形式：

$$\frac{\Delta Y_t}{Y_t} = \frac{\Delta A_t}{A_t} + \alpha \frac{\Delta K_t}{K_t} + \beta \frac{\Delta H_{rt}}{H_{rt}} + \gamma \frac{\Delta H_{ct}}{H_{ct}} \qquad (3)$$

方程（3）从左至右各项分别为：经济增长率（$\frac{\Delta Y_t}{Y_t}$）、综合要素生产率增长率（$\frac{\Delta A_t}{A_t}$）、物质资本存量增长率（$\frac{\Delta K_t}{K_t}$）、基础人力资本增长率（$\frac{\Delta H_{rt}}{H_{rt}}$）和人才资本增长率（$\frac{\Delta H_{ct}}{H_{ct}}$），而 $\alpha\frac{\Delta K_t}{K_t}$、$\beta\frac{\Delta H_{rt}}{H_{rt}}$、$\gamma\frac{\Delta H_{ct}}{H_{ct}}$ 则分别表示物质资本、基础人力资本及人才资本对经济增长的贡献份额，它们分别除以$\frac{\Delta Y_t}{Y_t}$所得的商，就是各自对经济增长的贡献率。

二、人才队伍建设

（一）党政人才资源

简要说明

一、主要内容

本篇资料反映2014年度全国、各省区市和中央单位党政人才资源基本情况，主要包括：党政人才资源的总体规模和地区分布情况，性别、民族、年龄、学历、职级构成情况，以及录用、晋升、奖励、交流、培训情况等。

二、统计范围与对象

党政人才资源的统计范围为列入公务员法实施范围的中国共产党各级机关、各级人民代表大会及其常务委员会机关、各级行政机关、中国人民政治协商会议各级委员会机关、各级审判机关、各级检察机关、各民主党派和工商联的各级机关的公务员、试用期人员，以及参照公务员法管理的人民团体和群众团体机关工作人员和试用期人员。

三、报告期

本篇资料中，时点指标统计截止时间为2014年12月31日，包括党政人才资源的总体规模、分布、构成情况等；时期指标统计起止时间为2014年1月1日至12月31日，包括录用、晋升、奖励、交流、培训情况等。

四、资料来源及调查方法

本篇资料由中共中央组织部整理提供，来源于中共中央组织部、国家公务员局的公务员统计报表制度。公务员统计报表制度采用全面调查方法，由各级党委组织部门和政府人力资源和社会保障部门、公务员局分工实施、逐级上报，各级党委组织部门负责牵头汇总。其中，中国共产党各级机关、各级人民代表大会及其常务委员会机关、中国人民政治协商会议各级委员会机关、各级审判机关、各级检察机关、各民主党派和工商联的各级机关，以及参照公务员法管理的人民团体和群众团体机关数据由各级党委组织部门调查整理，各级行政机关数据由各级政府人力资源和社会保障厅（局）、公务员局调查整理。

2-1-1 党政人才资源总体情况

项　目	人　数（人）	占　比（%）
一、规模		
党政人才总数	**7292865**	**100.0**
公务员	7170394	98.3
参照公务员法管理的群团机关工作人员	122471	1.7
当年党政人才净增减数	-741	
二、结构		
＃女性	1823425	25.0
＃少数民族	770891	10.6
＃中共党员	6044645	82.9
按学历分组		
研究生	474845	6.5
大学本科	4324300	59.3
大学专科	2122034	29.1
中专及以下	371686	5.1
按年龄分组		
35岁及以下	1938545	26.6
36—40岁	1035843	14.2
41—45岁	1287579	17.7
46—50岁	1388972	19.0
51—54岁	955343	13.1
55岁及以上	686583	9.4
按职务层次分组		
县处级及以上	792505	10.87
乡科级及以下	5561606	76.26
已进行职务套改的行政执法类人员	938754	12.87
三、晋升		
晋升职务人员总数	**264722**	**100.0**
＃女性	68709	26.0
＃少数民族	26311	9.9
＃中共党员	229366	86.6
#35岁及以下	90847	34.3
按学历分组		
研究生	29067	11.0
大学本科	179846	67.9
大学专科	51683	19.5
中专及以下	4126	1.6
公开选拔人数	984	
竞争上岗人数	25429	

2-1-2 各地区党政人才资源性别、民族、政治面貌结构情况

单位：人

地 区	总 数	女	少数民族	中共党员	比上年净增
全国总计	**7292865**	**1823425**	**770891**	**6044645**	**-741**
北 京	151630	45659	8403	132104	493
天 津	86374	20360	2861	72570	875
河 北	320037	77095	20490	284091	-1499
山 西	188389	47856	702	158644	-2614
内蒙古	173134	48148	56884	139824	442
辽 宁	271352	66599	38957	229868	-2384
吉 林	153347	37229	18207	123459	-25
黑龙江	225414	58471	10612	186525	-4152
上 海	120753	32215	1156	90778	1342
江 苏	340355	70095	2445	297742	172
浙 江	270416	61914	1954	229719	1089
安 徽	233249	50847	2905	198249	-142
福 建	183448	38788	2784	150569	709
江 西	201515	39692	976	168706	-3147
山 东	361352	82521	2670	326011	-2330
河 南	333844	76644	5923	289888	-2923
湖 北	268000	61014	17428	240910	-1495
湖 南	290242	68054	36863	246894	-2310
广 东	498561	112306	7403	424925	2935
广 西	213462	54787	86972	174788	-111
海 南	51310	11932	6505	40317	1160
重 庆	143920	35811	11935	116357	209
四 川	406380	113677	41537	331133	313
贵 州	180615	45143	73371	137802	-2141
云 南	295218	88456	98844	224275	2022
西 藏	76354	24199	49044	49971	2498
陕 西	209480	48851	1532	177226	-365
甘 肃	139492	32156	13974	118583	1303
青 海	49711	15088	21871	36659	2927
宁 夏	38117	10629	10684	31350	-167
新 疆	184298	52331	72683	131070	6078
其 他	633096	194858	42316	483638	497

注：“其他”主要包括中央和国家机关各部委等。本篇章下表同。

2-1-3 各地区党政人才资源学历结构情况

单位：人

地 区	总 数	研究生	大学本科	大学专科	中专及以下
全国总计	**7292865**	**474845**	**4324300**	**2122034**	**371686**
北 京	151630	25555	104183	20755	1137
天 津	86374	9700	56973	17757	1944
河 北	320037	14120	178182	105015	22720
山 西	188389	5695	102610	66253	13831
内蒙古	173134	8906	97446	57945	8837
辽 宁	271352	26955	172132	67947	4318
吉 林	153347	12551	87341	44296	9159
黑龙江	225414	12060	140354	66733	6267
上 海	120753	13852	75525	26047	5329
江 苏	340355	30897	223629	74622	11207
浙 江	270416	17441	188575	56995	7405
安 徽	233249	16613	137098	68573	10965
福 建	183448	8595	116897	46761	11195
江 西	201515	9790	105456	72444	13825
山 东	361352	22471	242800	81242	14839
河 南	333844	16074	176250	115732	25788
湖 北	268000	16986	145046	88093	17875
湖 南	290242	13291	161570	93771	21610
广 东	498561	31753	293325	147154	26329
广 西	213462	16221	121736	65384	10121
海 南	51310	3147	29120	15357	3686
重 庆	143920	17030	89923	33794	3173
四 川	406380	19311	232921	130047	24101
贵 州	180615	6292	105125	62192	7006
云 南	295218	11286	188792	79717	15423
西 藏	76354	2057	34848	27120	12329
陕 西	209480	14565	114219	67614	13082
甘 肃	139492	6926	78324	44379	9863
青 海	49711	2296	30840	14282	2293
宁 夏	38117	2472	25529	8902	1214
新 疆	184298	5861	94148	74508	9781
其 他	633096	54076	373383	180603	25034

2-1-4 各地区党政人才资源年龄结构情况

单位：人

地 区	总 数	35 岁及以下	36 — 40 岁	41 — 45 岁	46 — 50 岁	51 — 54 岁	55 岁及以上
全国总计	**7292865**	**1938545**	**1035843**	**1287579**	**1388972**	**955343**	**686583**
北 京	151630	49630	19749	26378	25487	20488	9898
天 津	86374	26540	9937	15141	13590	11738	9428
河 北	320037	65617	55018	61916	60428	43065	33993
山 西	188389	36358	26120	35272	40636	28131	21872
内蒙古	173134	30219	22752	32981	38234	30025	18923
辽 宁	271352	65775	33042	46974	51496	42118	31947
吉 林	153347	34658	19540	27767	28849	23389	19144
黑龙江	225414	41420	32350	43007	46252	36277	26108
上 海	120753	41742	14814	17535	17436	14601	14625
江 苏	340355	95003	47692	54703	61868	44978	36111
浙 江	270416	83564	37258	42434	46727	35663	24770
安 徽	233249	57490	31977	40725	47766	31199	24092
福 建	183448	52853	23575	29443	36653	24595	16329
江 西	201515	55337	25915	31837	40243	26077	22106
山 东	361352	85195	55793	69953	64288	46162	39961
河 南	333844	62795	52522	66951	70879	43847	36850
湖 北	268000	53475	32208	51139	53562	44848	32768
湖 南	290242	67885	46707	52303	55651	38886	28810
广 东	498561	140860	80429	98667	85709	53475	39421
广 西	213462	58282	33162	32670	45592	25589	18167
海 南	51310	15043	5924	9010	9791	6322	5220
重 庆	143920	48359	18565	21812	27177	16785	11222
四 川	406380	117951	57162	67737	81106	48772	33652
贵 州	180615	56544	25968	29830	33676	20988	13609
云 南	295218	95407	47434	50024	53944	32205	16204
西 藏	76354	55551	7402	6575	3887	1926	1013
陕 西	209480	52318	34901	38042	37972	28672	17575
甘 肃	139492	34147	22965	25661	28163	16810	11746
青 海	49711	15347	7324	8748	10137	5568	2587
宁 夏	38117	9885	5036	6745	7642	5285	3524
新 疆	184298	74833	30094	31424	27172	13227	7548
其 他	633096	158462	72508	114175	136959	93632	57360

主要统计指标解释

中共党员　指中国共产党的正式党员和预备党员。

中共党员同时又是共青团员的，按“中共党员”统计。

学历　指在教育机构中接受科学、文化知识训练的学习经历，以经教育行政部门批准，有国家认可的文凭颁发权力的学校及其他教育机构所颁发的毕业学历证书为凭证。

获得两个及以上不同学历的，按最高学历统计。

获得两个及以上同等学历的，仍统计在对应的同等学历栏。

在校学习及参加不脱产的夜校、业余学校、函授、自学考试等成人教育学习尚未获得新的学历的，按原有学历统计。

获得高中、中等技工学历的，统计在“中专及以下”栏。

获得硕士及以上学位而未获得研究生学历的，按原有学历统计。

1970 年至 1976 年入学的大学普通班毕业生，统计在“大学专科”栏。

年龄　指至统计截止时间的实足年龄（周岁）。

晋升职务　指在报告期内，经任免机关任命，按照职务序列由低向高的变动。

非领导职务转任同级领导职务或提高政治、生活待遇的不作晋升职务统计。

晋升职务人员的政治面貌、学历、年龄等情况，按晋升职务时的情况统计。

在报告期内，晋升两次以上职务的，按最后一次晋升的职务统计。

副地厅司局级单位的处长（正处级）提拔担任该单位副职（正处级），按晋升统计；副处长（副处级）提拔担任该单位的处长（正处级）按逐级晋升统计，提拔担任该单位副职（正处级）按越级晋升统计。其余的情况类推。

公开选拔　指根据《党政领导干部选拔任用工作条例》和《公开选拔党政领导干部工作暂行规定》，由党委（党组）及其组织（人事）部门面向社会采取公开报名、考试与考察相结合的办法，选拔的党政领导干部。

竞争上岗 指根据《党政领导干部选拔任用工作条例》和《党政机关竞争上岗工作暂行规定》，在本单位或者系统内部，通过公开报名、考试答辩、群众评议、组织考察，产生竞争职位人选，然后按规定的程序和干部管理权限择优任用的公务员。

这里所指“系统内部”，一般按管理体制和管理权限确定。如：县公安局及其所辖的公安分局、派出所、交巡警大队、刑警大队等机构，就构成了一个相对的“系统”；同样，省交通厅及其下属的海事局、航道局、交通规划设计院等机构，也构成了一个“系统”。

录用 指根据各级组织人事部门有关规定，通过考试录用方式进入机关，担任主任科员及以下非领导职务的公务员。

应届毕业生 指录用的公务员，为本年度从各类大中专院校毕业的应届毕业生。

具有2年以上基层工作经历 指录用的公务员，具有2年以上在县、乡党政机关以及各类企业、事业单位（参照公务员法管理的及其他担负行政管理职能的事业单位不在此列）工作经历。军队转业干部在军队团和相当团以下单位工作过，中央、国家机关干部在地（市）直属机关工作过，也可视为基层工作经历。

交流 指报告期内在本单位内部轮岗或交流到其外单位的情况。包括：本机关内部轮岗、挂职锻炼、交流到国有企事业单位、转任到其他实施公务员法机关、交流到参照管理机关（单位）等情况。交流到外单位的，由其原单位按公务员交流前的职务级别情况统计。

政治面貌、学历、年龄等按交流时的情况统计。

本机关内部转任指根据《党政领导干部选拔任用工作条例》和公务员法规定，在同一机关内部进行岗位轮换。

交流到国有企事业单位指根据《党政领导干部选拔任用工作条例》和公务员法等规定，调出机关到国有企事业单位任职。

转任到实施公务员法机关指根据《党政领导干部选拔任用工作条例》和公务员法的规定，因工作需要或其他正当理由，平级调动到实施公务员法机关的公务员（包括跨地区、跨部门调动）。

交流到参照管理机关（单位）指根据《党政领导干部选拔任用工作条例》和公务员法的规定，因工作需要或其他正当理由，平级调动到其他参照公务员法管理机关（单位）的公务员（包括跨地区、跨部门调动）。

挂职锻炼指根据《党政领导干部选拔任用工作条例》和公务员法规定，在一定时间内有计划地选拔干部到基层机关，或者企业、事业单位，或者上级机关担任职务。

奖励　报告期内同一人连续受到两次以上奖励，按奖励等次较高的一次统计；受到两次以上等次相同的奖励，按一次统计。

授予荣誉称号　指由省级以上党委、政府或者中央公务员主管部门批准授予的“人民满意的公务员”、“模范公务员”等荣誉称号。

培训　指报告期内经组织人事部门同意参加脱产培训的情况，由参训公务员所在单位负责统计。

培训人数　指报告期内参加脱产培训的人员数量。一年内参加两次以上培训的公务员按一人统计。

培训人次　指报告期内参加培训的总人次。一年内参加多次培训，按参加培训次数累计统计。

在职培训　指公务员在职期间的各类培训。是机关按经济社会发展的要求，有计划地对在职公务员所进行的以更新知识结构、提高工作能力和工作水平为目的的常规性全员培训。

任职培训　指按照《党政领导干部选拔任用工作条例》和《干部教育培训条例》，对新任职的领导干部开展的培训。

专门业务培训　指机关为公务员从事专项工作而提供所需知识和技能的培训。

初任培训　指新录用的公务员在试用期内必须参加的、旨在使其尽快完成角色转变的、突出适应性的培训。

二、人才队伍建设

（二）公有制经济领域企业经营管理人才资源

简要说明

一、主要内容

本篇资料反映2014年度全国公有制经济领域企业经营管理人才资源的基本情况，主要包括：企业经营管理人才资源的总体规模、经济类型、行业及地区分布，性别、民族、年龄、学历构成情况，以及选聘、培训等情况。

二、统计范围与对象

统计范围为我国境内各类国有（集体）独资、国有（集体）控股和国有（集体）控制企业中从事经营管理工作的人员。

三、报告期

本篇资料中，时点指标统计截止时间为2014年12月31日，包括企业经营管理人才资源规模、分布、构成、选聘情况等；时期指标统计起止时间为2014年1月1日至12月31日，包括培训情况等。

四、资料来源及调查方法

本篇资料中所有数据由人力资源和社会保障部根据公有制经济企业经营管理人员及专业技术人员统计调查数据整理提供。

2-2-1　公有制经济领域企业经营管理人才资源总体情况（一）

项　目	人　数（人）	占　比（%）
一、规模		
总数	**5987389**	**100.0**
二、结构		
# 女性	1818947	30.4
# 少数民族	269413	4.5
# 中共党员	3315804	55.4
按学历分组		
研究生	377746	6.3
大学本科	2793668	46.7
大学专科	1846638	30.8
中专及以下	969337	16.2
按年龄分组		
35 岁及以下	1986538	33.2
36 — 40 岁	961086	16.1
41 — 45 岁	1157790	19.3
46 — 50 岁	949087	15.9
51 — 54 岁	587314	9.8
55 岁及以上	345574	5.8

2-2-2 公有制经济领域企业经营管理人才资源总体情况（二）

项 目	人 数（人）	占 比（%）
按行业分组		
农、林、牧、渔业	170649	2.9
采矿业	701259	11.7
制造业	1143388	19.1
电力、热力、燃气及水生产和供应业	523048	8.7
建筑业	770045	12.9
批发和零售业	483045	8.1
交通运输、仓储和邮政业	787528	13.2
住宿和餐饮业	45322	0.8
信息传输、软件和信息技术服务业	287080	4.8
金融业	597346	10.0
房地产业	132420	2.2
租赁与商务服务业	74872	1.3
科学研究和技术服务业	83088	1.4
水利、环境和公共设施管理业	45495	0.8
居民服务、修理和其他服务业	48291	0.8
教育	8751	0.1
卫生和社会工作	10868	0.2
文化、体育和娱乐业	56212	0.9
公共管理、社会保障和社会组织	18617	0.3
国际组织	65	0.0

2-2-3 公有制经济领域企业经营管理人才资源总体情况（三）

项 目	人 数（人）	占 比（%）
三、岗位类型		
出资人代表	98551	1.6
经营管理人员	5858553	97.8
党群工作者	30285	0.5
四、层次		
中央企业	3597872	60.1
省区市企业	1457848	24.3
市地州盟企业	623443	10.4
县市区旗企业	288245	4.8
乡镇企业	19981	0.3
五、选聘情况		
按选聘方式分组		
委任和直接聘任	3812870	63.7
选任	433393	7.2
市场化方式选聘	1741126	29.1
按在现岗位任职年限分组		
在现岗位不满3年	2601255	43.4
在现岗位3—5年	1295802	21.6
在现岗位5—7年	825280	13.8
在现岗位7年以上	1265052	21.1
六、培训情况		
当年培训总人数（人）	**3258050**	**100.0**
当年培训总人次（人次）	**12374429**	**100.0**
工商管理培训	1275816	10.3
适应性短期培训	10897128	88.1
学历学位教育	201485	1.6

2-2-4 各地区公有制经济领域企业经营管理人才资源岗位类型情况

单位：人

地 区	总 数	出资人代表	经营管理人员	党群工作者
全国总计	**5987389**	**98551**	**5858553**	**30285**
北 京	160974	9823	150675	476
天 津	42860	1316	41420	124
河 北	61377	1323	59732	322
山 西	228532	3792	224275	465
内蒙古	34639	228	34234	177
辽 宁	66688	1152	64310	1226
吉 林	21850	366	21312	172
黑龙江	112031	1316	110001	714
上 海	168164	2298	165379	487
江 苏	83332	1487	81479	366
浙 江	66815	1457	65124	234
安 徽	78291	1444	70613	6234
福 建	64643	817	63666	160
江 西	49993	625	49177	191
山 东	162506	2833	158865	808
河 南	94439	1592	92490	357
湖 北	48436	728	47558	150
湖 南	66057	1684	64155	218
广 东	176937	2563	173780	594
广 西	57911	754	56980	177
海 南	29656	254	29261	141
重 庆	74424	839	73110	475
四 川	98016	2524	94644	848
贵 州	59004	779	57917	308
云 南	54468	972	53153	343
西 藏	1605	82	1516	7
陕 西	123258	1923	120568	767
甘 肃	66736	723	65880	133
青 海	9492	153	9304	35
宁 夏	9831	154	9647	30
新 疆	16552	424	16033	95
其 他	3597872	52126	3532295	13451

2-2-5 各地区公有制经济领域企业经营管理人才资源企业层次分布情况

单位：人

地区	总数	中央企业	省区市企业	市地州盟企业	县市区旗企业	乡镇企业
全国总计	**5987389**	**3597872**	**1457848**	**623443**	**288245**	**19981**
北京	160974		146459	13757	758	
天津	42860		40398	694	1742	26
河北	61377		31554	16135	11932	1756
山西	228532		167401	34624	26507	
内蒙古	34639		27401	6075	1156	7
辽宁	66688		14090	43396	7184	2018
吉林	21850		16729	3763	1025	333
黑龙江	112031		67592	27555	16388	496
上海	168164		136457	31278	343	86
江苏	83332		27312	36712	19089	219
浙江	66815		25161	26898	14635	121
安徽	78291		39779	27452	10286	774
福建	64643		26725	29675	7808	435
江西	49993		25865	15809	7435	884
山东	162506		67867	59780	33793	1066
河南	94439		70338	11906	12063	132
湖北	48436		11325	19211	17250	650
湖南	66057		36377	16731	12432	517
广东	176937		54290	94799	23712	4136
广西	57911		32130	18869	6158	754
海南	29656		23617	1699	3813	527
重庆	74424		63218	4152	6985	69
四川	98016		50792	30851	14545	1828
贵州	59004		40775	9361	8372	496
云南	54468		41968	5019	6271	1210
西藏	1605		776	412	417	
陕西	123258		91885	21325	9282	766
甘肃	66736		58378	6859	1469	30
青海	9492		7440	1283	769	
宁夏	9831		7906	1757	168	
新疆	16552		5843	5606	4458	645
其他	3597872	3597872				

2-2-6 各地区公有制经济领域企业经营管理人才资源性别、民族、政治面貌结构情况

单位：人

地区	总数	女	少数民族	中共党员
全国总计	**5987389**	**1818947**	**269413**	**3315804**
北京	160974	54670	6911	80548
天津	42860	14165	1244	22075
河北	61377	17462	1828	35527
山西	228532	62631	1302	106922
内蒙古	34639	10580	4769	21196
辽宁	66688	21231	5291	35554
吉林	21850	6512	1025	13005
黑龙江	112031	34936	2724	65576
上海	168164	52934	1620	74045
江苏	83332	24714	755	37583
浙江	66815	20185	343	31273
安徽	78291	18726	928	50061
福建	64643	18123	827	29041
江西	49993	12542	410	25445
山东	162506	41841	2143	85571
河南	94439	23004	1254	55438
湖北	48436	16144	915	24229
湖南	66057	18309	2440	34073
广东	176937	51569	2407	85395
广西	57911	16334	16912	25236
海南	29656	6448	2406	17243
重庆	74424	27175	1835	33809
四川	98016	29488	1856	46780
贵州	59004	18856	12503	25518
云南	54468	15369	8685	26732
西藏	1605	454	1006	955
陕西	123258	34932	1009	65416
甘肃	66736	19765	2152	33534
青海	9492	2518	938	4704
宁夏	9831	2783	1821	4565
新疆	16552	5193	3265	8569
其他	3597872	1119354	175889	2110186

2-2-7 各行业公有制经济领域企业经营管理人才资源性别、民族、政治面貌结构情况

单位：人

行业	总数	女	少数民族	中共党员
总计	**5987389**	**1818947**	**269413**	**3315804**
农、林、牧、渔业	170649	41188	10685	103661
采矿业	701259	171196	22674	464434
制造业	1143388	336029	42755	587183
电力、热力、燃气及水生产和供应业	523048	151935	31765	319574
建筑业	770045	185259	30030	336871
批发和零售业	483045	158954	24344	234397
交通运输、仓储和邮政业	787528	243201	34167	491690
住宿和餐饮业	45322	17728	1647	20180
信息传输、软件和信息技术服务业	287080	105540	17756	148073
金融业	597346	238138	35996	380036
房地产业	132420	45647	4290	56330
租赁与商务服务业	74872	28825	2194	34604
科学研究和技术服务业	83088	27268	3099	45637
水利、环境和公共设施管理业	45495	14099	1888	21206
居民服务、修理和其他服务业	48291	17406	2089	20896
教育	8751	3424	265	5404
卫生和社会工作	10868	5025	368	5710
文化、体育和娱乐业	56212	22069	2466	26847
公共管理、社会保障和社会组织	18617	5995	933	13029
国际组织	65	21	2	42

2-2-8 各地区公有制经济领域企业经营管理人才资源年龄结构情况

单位：人

地 区	总 数	35 岁及以下	36 — 40 岁	41 — 45 岁	46 — 50 岁	51 — 54 岁	55 岁及以上
全国总计	**5987389**	**1986538**	**961086**	**1157790**	**949087**	**587314**	**345574**
北 京	160974	65126	19805	24665	21273	17676	12429
天 津	42860	12781	4679	5704	5685	6090	7921
河 北	61377	17623	9986	12107	10946	6815	3900
山 西	228532	82495	35703	42077	35729	21312	11216
内蒙古	34639	8594	5422	8260	7498	3632	1233
辽 宁	66688	20719	9211	11783	11910	8161	4904
吉 林	21850	5807	3293	4390	4136	3015	1209
黑龙江	112031	30204	19821	22883	20472	12987	5664
上 海	168164	65104	23706	22427	19980	17832	19115
江 苏	83332	29153	14846	13822	12649	8080	4782
浙 江	66815	25642	10291	11090	9217	6275	4300
安 徽	78291	17726	17210	18293	12424	8145	4493
福 建	64643	26357	10102	10559	8803	5280	3542
江 西	49993	13395	9442	9654	9012	5244	3246
山 东	162506	59200	29273	30506	22702	13635	7190
河 南	94439	28506	17448	19373	17421	8309	3382
湖 北	48436	13168	9315	10033	8156	4754	3010
湖 南	66057	18013	13941	15104	10873	5288	2838
广 东	176937	66267	28145	30090	24164	15869	12402
广 西	57911	24746	9203	9292	7866	4117	2687
海 南	29656	5883	3561	5338	6405	5464	3005
重 庆	74424	28141	11916	14446	11175	5470	3276
四 川	98016	33355	15091	18514	14902	10019	6135
贵 州	59004	20444	9636	11621	9176	5120	3007
云 南	54468	20075	9861	10477	8081	4099	1875
西 藏	1605	308	399	390	293	140	75
陕 西	123258	45938	19356	22554	18120	10906	6384
甘 肃	66736	24746	10998	12548	9880	5558	3006
青 海	9492	2723	1674	2270	2031	705	89
宁 夏	9831	4017	1508	1834	1395	719	358
新 疆	16552	3636	3001	4145	3282	1687	801
其 他	3597872	1166646	573243	721541	583431	354911	198100

2-2-9 各行业公有制经济领域企业经营管理人才资源年龄结构情况

单位：人

行 业	总 数	35岁及以下	36—40岁	41—45岁	46—50岁	51—54岁	55岁及以上
总 计	**5987389**	**1986538**	**961086**	**1157790**	**949087**	**587314**	**345574**
农、林、牧、渔业	170649	40584	28567	34269	34455	21809	10965
采矿业	701259	178917	109912	150302	140711	83033	38384
制造业	1143388	374639	179730	224997	186593	111496	65933
电力、热力、燃气及水生产和供应业	523048	142703	94086	118710	89083	50570	27896
建筑业	770045	370195	106556	109686	85559	59132	38917
批发和零售业	483045	179639	78272	84975	69193	43510	27456
交通运输、仓储和邮政业	787528	231475	126325	146065	121204	90999	71460
住宿和餐饮业	45322	14008	8185	8935	6928	4403	2863
信息传输、软件和信息技术服务业	287080	106933	62486	51673	35596	19242	11150
金融业	597346	171709	91648	149372	110377	55836	18404
房地产业	132420	56157	23542	19932	15176	9892	7721
租赁与商务服务业	74872	29466	10501	11344	10156	7278	6127
科学研究和技术服务业	83088	26802	10621	13835	15102	11075	5653
水利、环境和公共设施管理业	45495	17621	7644	7922	6257	3629	2422
居民服务、修理和其他服务业	48291	16862	7722	8375	6988	4970	3374
教育	8751	2278	1303	1672	1688	1068	742
卫生和社会工作	10868	2513	1751	2403	2244	1341	616
文化、体育和娱乐业	56212	19794	9159	9707	8034	5615	3903
公共管理、社会保障和社会组织	18617	4226	3063	3602	3733	2413	1580
国际组织	65	17	13	14	10	3	8

2-2-10 各地区公有制经济领域企业经营管理人才资源学历结构情况

单位：人

地区	总数	研究生	大学本科	大学专科	中专及以下
全国总计	**5987389**	**377746**	**2793668**	**1846638**	**969337**
北京	160974	15949	81240	42992	20793
天津	42860	1781	17717	13242	10120
河北	61377	2952	23859	21020	13546
山西	228532	5856	78091	83290	61295
内蒙古	34639	1364	10823	13191	9261
辽宁	66688	2965	24408	23858	15457
吉林	21850	832	8110	7716	5192
黑龙江	112031	2427	39771	43143	26690
上海	168164	12653	74953	49526	31032
江苏	83332	5546	35959	26525	15302
浙江	66815	3309	30129	21793	11584
安徽	78291	2532	22963	25193	27603
福建	64643	2916	30804	18539	12384
江西	49993	1729	17434	16348	14482
山东	162506	7672	68942	48541	37351
河南	94439	3013	33228	38251	19947
湖北	48436	2261	15776	18387	12012
湖南	66057	1234	18950	26581	19292
广东	176937	11818	76661	48833	39625
广西	57911	3357	23989	19825	10740
海南	29656	507	5255	8554	15340
重庆	74424	3875	29258	27429	13862
四川	98016	3786	33979	36574	23677
贵州	59004	1318	21857	18988	16841
云南	54468	3010	22144	18344	10970
西藏	1605	71	211	407	916
陕西	123258	6381	45722	43232	27923
甘肃	66736	1636	25641	25532	13927
青海	9492	340	3041	3926	2185
宁夏	9831	303	3277	3888	2363
新疆	16552	633	5173	6351	4395
其他	3597872	263720	1864303	1046619	423230

2-2-11 各行业公有制经济领域企业经营管理人才资源学历结构情况

单位：人

行 业	总 数	研究生	大学本科	大学专科	中专及以下
总 计	**5987389**	**377746**	**2793668**	**1846638**	**969337**
农、林、牧、渔业	170649	3833	43609	63238	59969
采矿业	701259	29734	305433	230158	135934
制造业	1143388	69769	513531	357107	202981
电力、热力、燃气及水生产和供应业	523048	40261	274898	148300	59589
建筑业	770045	24426	372036	245890	127693
批发和零售业	483045	27885	181867	170001	103292
交通运输、仓储和邮政业	787528	35406	357506	269653	124963
住宿和餐饮业	45322	1579	12100	15797	15846
信息传输、软件和信息技术服务业	287080	32893	161818	64230	28139
金融业	597346	58233	350323	152572	36218
房地产业	132420	15836	63681	36153	16750
租赁与商务服务业	74872	7805	29697	21462	15908
科学研究和技术服务业	83088	15282	47094	14972	5740
水利、环境和公共设施管理业	45495	3397	20346	13045	8707
居民服务、修理和其他服务业	48291	2517	17125	15519	13130
教育	8751	953	4936	2086	776
卫生和社会工作	10868	566	4738	3716	1848
文化、体育和娱乐业	56212	6677	25906	15585	8044
公共管理、社会保障和社会组织	18617	688	6999	7134	3796
国际组织	65	6	25	20	14

2-2-12 各地区公有制经济领域企业经营管理人才资源行业分布情况（一）

单位：人

地区	总数	农林牧渔业	采矿业	制造业	电力、热力、燃气及水生产和供应业	建筑业	批发和零售业	交通运输、仓储和邮政业	住宿和餐饮业	信息传输、软件和信息技术服务业
全国总计	**5987389**	**170649**	**701259**	**1143388**	**523048**	**770045**	**483045**	**787528**	**45322**	**287080**
北京	160974	3148	2745	38753	9780	38627	14449	11204	3286	1170
天津	42860	1034	67	17926	2716	4536	886	4591	117	4363
河北	61377	2425	6981	17223	5266	5689	5206	10298	547	121
山西	228532	1113	102704	26075	13914	24749	25042	14844	1124	552
内蒙古	34639	14948	157	8108	3929	196	144	6340	81	24
辽宁	66688	1785	6480	28466	5575	5471	3867	8723	233	129
吉林	21850	5362	7673	834	1682	618	1508	1617	44	0
黑龙江	112031	39278	37152	7360	3601	10886	1291	2491	153	121
上海	168164	2318	148	45730	3952	26513	17588	15139	2779	1610
江苏	83332	7078	2448	16702	5590	4474	7562	16874	1884	419
浙江	66815	1292	442	11846	6053	3812	9853	12443	1671	725
安徽	78291	3261	14044	22358	2789	6700	9396	9797	1164	257
福建	64643	1165	3046	7366	3087	6468	6199	16016	1187	1391
江西	49993	3159	9104	9023	3732	4393	2349	6580	336	33
山东	162506	2812	42315	46700	10824	6458	13566	16315	4561	687
河南	94439	1110	42429	13483	6133	3060	4091	14831	938	322
湖北	48436	2684	290	10719	4239	4645	9521	7887	443	52
湖南	66057	1022	6444	20053	2573	9246	7887	929	2662	1448
广东	176937	8792	2029	37270	12275	17262	19808	36591	2901	733
广西	57911	2171	2081	14616	3761	17401	2869	8005	402	6
海南	29656	18037	245	573	694	1907	1132	1484	224	6
重庆	74424	959	7102	11725	4736	12751	6754	12635	1172	1467
四川	98016	3828	7350	9656	7687	25575	4582	11185	1508	10197
贵州	59004	1000	5256	13387	2364	7840	4427	6123	697	2080
云南	54468	3067	6518	12048	1420	14740	1606	5137	1034	1229
西藏	1605	76	101	73	230	112	291	254	143	6
陕西	123258	3891	31523	24311	8265	22001	4825	15212	2121	721
甘肃	66736	3312	10221	12733	2521	14160	1191	3709	368	14
青海	9492	312	2034	3282	621	1051	147	859	52	102
宁夏	9831	1054	54	185	698	3446	63	210	14	149
新疆	16552	2538	582	2598	1552	1907	1550	2163	459	287
其他	3597872	26618	341494	652206	380789	463351	293395	507042	11017	256659

2-2-13 各地区公有制经济领域企业经营管理人才资源行业分布情况（二）

单位：人

地区	总数	金融业	房地产业	租赁与商务服务业	科学研究和技术服务业	水利环境和公共设施管理业	居民服务、修理和其他服务业	教育	卫生和社会工作	文化、体育和娱乐业	公共管理、社会保障和社会组织	国际组织
全国总计	**5987389**	**597346**	**132420**	**74872**	**83088**	**45495**	**48291**	**8751**	**10868**	**56212**	**18617**	**65**
北京	160974	4401	14153	4653	2211	1926	5291	801	1218	3158		
天津	42860	821	2729	1394	355	563	466	44	40	212		
河北	61377	1541	194	587	170	1077	600	48	318	1947	1139	
山西	228532	6763	1510	2392	892	1084	2751	580	1150	1293		
内蒙古	34639	287	43	23	40	278	31			2	8	
辽宁	66688	517	800	811	367	881	1168	216	184	668	347	
吉林	21850	391	71	168	18	410	63	15		1337	39	
黑龙江	112031	1785	3004	218	205	553	833	453	875	330	1429	13
上海	168164	10155	14072	12049	2551	4842	3941	417	145	4183	32	
江苏	83332	6036	3504	1931	203	1797	2988	56	497	2935	354	
浙江	66815	3897	3350	2537	540	2722	2406	13	182	3031		
安徽	78291	2054	1674	807	893	524	761	1	138	1627	46	
福建	64643	7211	5170	2129	352	813	1387	23	40	1420	173	
江西	49993	5908	544	1079	652	729	738		30	1604		
山东	162506	7283	2520	2653	212	1107	2651	78		1730	34	
河南	94439	1380	426	573	824	412	827	1347	1516	600	137	
湖北	48436	544	3569	1356	447	973	132	49	37	551	298	
湖南	66057	9096	1704	529	8	606	217			1633		
广东	176937	9272	8101	6757	4459	3194	2880	364	207	2495	1547	
广西	57911	710	1250	1479	519	433	559	25	35	534	1055	
海南	29656	2166	874	402	115	558	275	36	44	312	572	
重庆	74424	4964	2165	1860	393	3009	635	182	218	1153	532	12
四川	98016	4528	2555	1963	810	1133	1230	992	859	1561	792	25
贵州	59004	10046	999	1914	361	732	800	94	265	619		
云南	54468	1544	1647	236	536	965	710	435	453	989	154	
西藏	1605	76	10	128		8	56			41		
陕西	123258	1278	1612	748	2536	1259	702	86	37	1599	531	
甘肃	66736	15109	403	339	289	392	341	162	62	1157	238	15
青海	9492	95	183	134	150	216	79			129	46	
宁夏	9831	1475	315	67	96	178	813			1001	13	
新疆	16552	649	304	291	71	305	1025	11	54	199	7	
其他	3597872	475364	52965	22665	61813	11816	10935	2223	2264	16162	9094	

2-2-14 各地区公有制经济领域企业经营管理人才资源所属企业类型情况

单位：人

地 区	总 数	# 中央管理的大型集团公司	# 其他大型企业	# 中型企业
全国总计	**5987389**	**2749713**	**1743938**	**804644**
北 京	160974		57876	36749
天 津	42860		13058	19534
河 北	61377		37511	12524
山 西	228532		126418	58946
内蒙古	34639		29676	3727
辽 宁	66688		48024	8351
吉 林	21850		18066	1813
黑龙江	112031		65495	14703
上 海	168164		65385	43973
江 苏	83332		42850	17632
浙 江	66815		31386	13312
安 徽	78291		69752	5501
福 建	64643		26777	18887
江 西	49993		24198	8961
山 东	162506		112795	24352
河 南	94439		70386	15217
湖 北	48436		23174	12265
湖 南	66057		34884	13724
广 东	176937		87179	38184
广 西	57911		33294	11672
海 南	29656		20268	3308
重 庆	74424		58241	6555
四 川	98016		57486	22636
贵 州	59004		41012	5310
云 南	54468		39753	8388
西 藏	1605		145	575
陕 西	123258		95692	13551
甘 肃	66736		37737	8373
青 海	9492		5185	2359
宁 夏	9831		6503	1583
新 疆	16552		2855	5642
其 他	3597872	2749713	360877	346337

2-2-15 各地区公有制经济领域企业经营管理人才配置情况

单位：人

地区	总数	选聘方式			在现岗位任职年限			
		委任和直接聘任	选任	市场化方式选聘	在现岗位不满3年	在现岗位3－5年	在现岗位5－7年	在现岗位7年以上
全国总计	**5987389**	**3812870**	**433393**	**1741126**	**2601255**	**1295802**	**825280**	**1265052**
北京	160974	97421	11126	52427	54006	31788	22559	52621
天津	42860	24315	3685	14860	35678	1938	1789	3455
河北	61377	41873	5864	13640	17473	14344	10326	19234
山西	228532	193311	10527	24694	78131	49855	33437	67109
内蒙古	34639	27923	4361	2355	9417	7681	6206	11335
辽宁	66688	43256	8205	15227	16284	11793	9265	29346
吉林	21850	17589	2004	2257	4611	6279	5321	5639
黑龙江	112031	98596	4873	8562	28643	28929	21819	32640
上海	168164	91087	8459	68618	58615	33707	22654	53188
江苏	83332	46215	10278	26839	29548	16592	11181	26011
浙江	66815	37357	6540	22918	24340	14079	8893	19503
安徽	78291	48687	10169	19435	27730	19226	11802	19533
福建	64643	37443	4429	22771	23322	12357	8205	20759
江西	49993	33284	5971	10738	16010	11490	8387	14106
山东	162506	99813	17684	45009	52222	37894	26676	45714
河南	94439	69694	6304	18441	31107	25616	16504	21212
湖北	48436	23761	4741	19934	12524	10030	8864	17018
湖南	66057	37936	13607	14514	18303	14404	11847	21503
广东	176937	95689	15380	65868	64995	34038	22961	54943
广西	57911	25263	5257	27391	23370	12352	8174	14015
海南	29656	23004	1707	4945	10389	7512	4461	7294
重庆	74424	40633	9190	24601	30635	19266	9388	15135
四川	98016	54993	11740	31283	30366	23987	15830	27833
贵州	59004	38212	6758	14034	22180	10402	10200	16222
云南	54468	35758	6835	11875	19868	12764	8077	13759
西藏	1605	960	426	219	356	322	352	575
陕西	123258	85616	19850	17792	39820	33100	20323	30015
甘肃	66736	46420	4612	15704	26677	15506	8396	16157
青海	9492	6827	1351	1314	3464	2137	1405	2486
宁夏	9831	4711	1302	3818	3357	2683	2302	1489
新疆	16552	8295	2862	5395	5412	3645	2246	5249
其他	3597872	2276928	207296	1113648	1782402	770086	465430	579954

2-2-16 各地区公有制经济领域企业经营管理人才资源培训情况

地　区	当年培训总人数（人）	当年培训总人次（人次）	工商管理培训	适应性短期培训	学历学位教育
全国总计	**3258050**	**12374429**	**1275816**	**10897128**	**201485**
北　京	93742	339385	53544	277295	8546
天　津	17717	41062	7058	31991	2013
河　北	19413	73479	13218	58741	1520
山　西	84359	210138	29896	169735	10507
内蒙古	19212	32909	1215	30879	815
辽　宁	30644	75391	23316	49126	2949
吉　林	3793	5385	1125	4054	206
黑龙江	32075	49260	2878	40542	5840
上　海	93753	224732	33628	185194	5910
江　苏	36435	98526	9601	86479	2446
浙　江	34288	76362	16429	58458	1475
安　徽	29993	46675	7666	32343	6666
福　建	27796	70259	11787	56893	1579
江　西	19616	49568	3780	44355	1433
山　东	75723	169901	27941	132444	9516
河　南	45955	60554	28851	28700	3003
湖　北	18559	59051	8980	49187	884
湖　南	34286	57210	12231	42151	2828
广　东	92823	402904	35824	356420	10660
广　西	37819	190481	23037	163195	4249
海　南	9216	16409	592	15145	672
重　庆	42868	137456	16385	116065	5006
四　川	50143	130766	26259	98116	6391
贵　州	21941	37353	2857	33137	1359
云　南	28758	57286	4884	50054	2348
西　藏	327	369	21	338	10
陕　西	67383	172415	18396	146870	7149
甘　肃	27008	52250	2686	48006	1558
青　海	2718	13034	453	12435	146
宁　夏	5032	15209	518	14545	146
新　疆	4967	16759	1818	14805	136
其　他	2149688	9391891	848942	8449430	93519

主要统计指标解释

出资人代表 指出资者通过一定法律程序向所出资企业派出的，依法行使出资者权力、维护出资者利益的董事、监事等。

经营管理人员 指具体从事经营管理活动的人员，包括各级经理人以及具体从事规划计划、人力资源、市场营销、资本运营、财务审计、生产管理、法律事务、质量安全环保、行政管理等业务工作的人员。

党群工作者 指企业中主要从事党务、纪检监察、工会、共青团、老干部、企业文化建设等工作的人员。

委任和直接聘任 指企业配置使用人才过程中，由组织人事部门直接选拔，党委（党组）讨论决定任用的人才使用方式。

选任 指企业配置使用人才过程中，通过依法民主选举的方式产生人选，并经组织审定的人才使用方式，如：党委成员、工会主席等。

市场化选聘 指企业配置使用人才过程中，通过内部竞争上岗、公开招聘、人才市场选聘方式，经考察了解，并经党委（党组）讨论决定任用的人才使用方式。

在当前岗位任职年限 指企业经营管理人才在当前岗位的任职时间。

培训类型 指出资人代表、经营管理人员、党群工作者接受培训的类型，一般包括工商管理培训、适应性短期培训及学历、学位教育等。

层次 按照公有制企业的隶属关系，划分为中央、省区市、市地州盟、县市区旗、乡镇五个层次。

中央管理的大型集团公司 指公司领导班子由中央或国务院管理，由国资委、银监会或其他中央部门代为履行出资人义务的大型企业集团。

企业规模：依据《统计上大中小型企业划分办法（暂行）》相关规定填写。

行业名称	指标名称	计算单位	大型	中型	小型
工业企业	从业人员数 销售额 资产总额	人 万元 万元	2000 及以上 30000 及以上 40000 及以上	300 — 2000 以下 3000 — 30000 以下 4000 — 40000 以下	300 以下 3000 以下 4000 以下
建筑业企业	从业人员数 销售额 资产总额	人 万元 万元	3000 及以上 30000 及以上 40000 及以上	600 — 3000 以下 3000 — 30000 以下 4000 — 40000 以下	600 以下 3000 以下 4000 以下
批发业企业	从业人员数 销售额	人 万元	200 及以上 30000 及以上	100 — 200 以下 3000 — 30000 以下	100 以下 3000 以下
零售业企业	从业人员数 销售额	人 万元	500 及以上 15000 及以上	100 — 500 以下 1000 — 15000 以下	100 以下 1000 以下
交通运输业企业	从业人员数 销售额	人 万元	3000 及以上 30000 及以上	500 — 3000 以下 3000 — 30000 以下	500 以下 3000 以下
邮政业企业	从业人员数 销售额	人 万元	1000 及以上 30000 及以上	400 — 1000 以下 3000 — 30000 以下	400 以下 3000 以下
住宿和餐馆业企业	从业人员数 销售额	人 万元	800 及以上 15000 及以上	400 — 800 以下 3000 — 15000 以下	400 以下 3000 以下

二、人才队伍建设

（三）公有制经济领域专业技术人才资源

简要说明

一、主要内容

本篇资料反映2014年度全国公有制经济领域专业技术人才资源基本情况，主要包括：专业技术人才资源的总体规模、经济类型、行业及地区分布，性别、民族、年龄、学历构成情况，以及继续教育情况。

二、统计范围与对象

专业技术人才资源的统计范围为我国境内各类国有（集体）独资、国有（集体）控股、国有（集体）控制企业和事业单位中从事专业技术工作的人员。此资料中的专业技术人才包含事业单位管理人员。

三、报告期

本篇资料中，时点指标统计截止时间为2014年12月31日，包括专业技术人才资源规模、分布、构成情况等；时期指标统计起止时间为2014年1月1日至12月31日，包括继续教育情况等。

四、资料来源及调查方法

本篇资料中所有数据由人力资源和社会保障部根据公有制经济企业经营管理人员及专业技术人员统计和事业单位管理人员及专业技术人员统计调查数据整理提供。

2-3-1 公有制经济领域专业技术人才资源总体情况（一）

项 目	人 数（人）	占 比（%）
一、规模		
总数	**34783060**	**100.0**
# 在管理岗位工作	4163190	12.0
二、结构		
# 女性	15687628	45.1
# 少数民族	2746034	7.9
# 中共党员	14011919	40.3
按学历分组		
研究生	2475552	7.1
大学本科	17288777	49.7
大学专科	10779887	31.0
中专	3146629	9.0
高中及以下	1092215	3.1
按年龄分组		
35 岁及以下	13026448	37.5
36 — 40 岁	6193113	17.8
41 — 45 岁	5901588	17.0
46 — 50 岁	4841952	13.9
51 — 54 岁	3004473	8.6
55 岁及以上	1815486	5.2
按专业技术职称分组		
正高级专业技术职称（职务）	362849	1.0
副高级专业技术职称（职务）	3483695	10.0
中级专业技术职称（职务）	11452431	32.9
初级专业技术职称（职务）	12364914	35.5
其他人员	7119171	20.5

注："其他人员"包括没有评聘专业技术职务的专业技术人员和事业单位管理人员等。

2-3-2 公有制经济领域专业技术人才资源总体情况（二）

项　目	人　数（人）	占　比（%）
按行业分组		
农、林、牧、渔业	1391412	4.0
采矿业	968976	2.8
制造业	1864844	5.4
电力、热力、燃气及水生产和供应业	734348	2.1
建筑业	1356321	3.9
批发和零售业	361308	1.0
交通运输、仓储和邮政业	1214976	3.5
住宿和餐饮业	44956	0.1
信息传输、软件和信息技术服务业	590966	1.7
金融业	2342562	6.7
房地产业	202072	0.6
租赁与商务服务业	97940	0.3
科学研究和技术服务业	1227790	3.5
水利、环境和公共设施管理业	735666	2.1
居民服务、修理和其他服务业	167092	0.5
教育	13567279	39.0
卫生和社会工作	4367418	12.6
文化、体育和娱乐业	815049	2.3
公共管理、社会保障和社会组织	2731827	7.9
国际组织	258	0.0

2-3-3 公有制经济领域专业技术人才资源总体情况（三）

项目	人数（人）	占比（%）
三、机构		
事业单位	24948459	71.7
企业	9834601	28.3
四、层次		
中央单位	7677745	22.1
省区市单位	4485937	12.9
市地州盟单位	5006763	14.4
县市区旗单位	11578045	33.3
乡镇单位	6034570	17.3
五、专业技术类别		
工程技术人员	6341035	18.2
农业技术人员	729434	2.1
科学研究人员	438853	1.3
卫生技术人员	4294558	12.3
教学人员	12871862	37.0
其他人员	10107318	29.1
六、继续教育情况		
总人次	**53714066**	**100.0**
培训	52065461	96.9
学历学位教育	1648605	3.1

注："其他人员"指除工程技术人员、农业技术人员、科学研究人员、卫生技术人员、教学人员之外的专业技术人员和事业单位管理人员。

2-3-4 各地区公有制经济领域专业技术人才资源单位性质分类情况

单位：人

地区	总数	在管理岗位工作	事业单位	在管理岗位工作	企业	在管理岗位工作
全国总计	**34783060**	**4163190**	**24948459**	**598233**	**9834601**	**3564957**
北京	605152	109264	393040	11763	212112	97501
天津	353261	45920	271859	19496	81402	26424
河北	1359240	61361	1239653	25429	119587	35932
山西	1044115	131891	809359	11948	234756	119943
内蒙古	677116	27847	642708	12485	34408	15362
辽宁	913537	53044	828065	10917	85472	42127
吉林	671756	22745	640474	7571	31282	15174
黑龙江	864339	91899	719408	17410	144931	74489
上海	729817	100544	380226	12951	349591	87593
江苏	1315657	80761	1203567	33101	112090	47660
浙江	1113627	67967	983485	32652	130142	35315
安徽	943756	63692	833334	13837	110422	49855
福建	734705	56973	641848	20470	92857	36503
江西	853154	32136	782695	7206	70459	24930
山东	2136226	127212	1836339	34604	299887	92608
河南	1680917	56763	1569136	10580	111781	46183
湖北	973112	54336	923599	29655	49513	24681
湖南	1151262	79533	1049656	37560	101606	41973
广东	1687335	138998	1468418	56588	218917	82410
广西	898553	48731	760495	8327	138058	40404
海南	178654	14606	160949	3637	17705	10969
重庆	563166	47382	470542	5743	92624	41639
四川	1327013	69671	1212541	17259	114472	52412
贵州	773532	32062	699746	7404	73786	24658
云南	893768	40538	793702	5026	100066	35512
西藏	79654	2939	78400	2534	1254	405
陕西	958101	79929	798400	5792	159701	74137
甘肃	723331	54235	649455	14433	73876	39802
青海	144834	7642	128384	1933	16450	5709
宁夏	144810	10864	131087	5512	13723	5352
新疆	611815	15353	582337	7609	29478	7744
其他	7677745	2336352	1265552	106801	6412193	2229551

注："其他"包括中央企事业单位和新疆生产建设兵团下属企事业单位。本篇章下表同。

2-3-5 各地区公有制经济领域专业技术人才资源单位层次分布情况

单位：人

地 区	总 数	中 央	省区市	市地州盟	县市区旗	乡 镇
全国总计	**34783060**	**7677745**	**4485937**	**5006763**	**11578045**	**6034570**
北 京	605152		313945	260168	23654	7385
天 津	353261		188179	120565	27905	16612
河 北	1359240		170847	195533	820859	172001
山 西	1044115		282566	169684	560542	31323
内蒙古	677116		72635	121116	375120	108245
辽 宁	913537		114814	256674	454266	87783
吉 林	671756		89218	122200	326189	134149
黑龙江	864339		205765	168335	382490	107749
上 海	729817		431472	284341	12869	1135
江 苏	1315657		140841	234593	576908	363315
浙 江	1113627		135609	207090	624207	146721
安 徽	943756		139207	143207	474677	186665
福 建	734705		116734	134675	381755	101541
江 西	853154		114527	119330	297142	322155
山 东	2136226		222427	400543	1004116	509140
河 南	1680917		184172	263643	837513	395589
湖 北	973112		71147	167723	464644	269598
湖 南	1151262		149786	158801	612519	230156
广 东	1687335		173979	365153	640901	507302
广 西	898553		106330	199627	259630	332966
海 南	178654		47448	19009	55564	56633
重 庆	563166		144889	188876	92966	136435
四 川	1327013		135762	183207	553750	454294
贵 州	773532		101337	75315	260934	335946
云 南	893768		143999	89798	344787	315184
西 藏	79654		11381	18430	25838	24005
陕 西	958101		197366	122524	504858	133353
甘 肃	723331		120581	81204	234670	286876
青 海	144834		43683	17388	57504	26259
宁 夏	144810		37238	28488	57032	22052
新 疆	611815		78053	89523	232236	212003
其 他	7677745	7677745				

2-3-6 各地区公有制经济领域专业技术人才资源性别、民族、政治面貌结构情况

单位：人

地区	总数	女	少数民族	中共党员
全国总计	**34783060**	**15687628**	**2746034**	**14011919**
北京	605152	331624	29719	263392
天津	353261	193570	10735	133102
河北	1359240	717258	71529	480064
山西	1044115	510930	2592	343898
内蒙古	677116	331990	184221	257406
辽宁	913537	484245	128264	411699
吉林	671756	329297	60150	242535
黑龙江	864339	410852	31501	343213
上海	729817	393388	12942	261488
江苏	1315657	650950	7301	505644
浙江	1113627	589507	9252	478329
安徽	943756	370104	7230	403315
福建	734705	354738	8835	257491
江西	853154	343995	2878	280728
山东	2136226	927918	18248	900944
河南	1680917	779661	21285	579145
湖北	973112	404005	48309	388415
湖南	1151262	479020	129859	427246
广东	1687335	861944	21754	665507
广西	898553	437951	348087	321297
海南	178654	79368	18223	59604
重庆	563166	264308	41971	211304
四川	1327013	620566	73512	515451
贵州	773532	344229	306860	269334
云南	893768	433915	242914	341330
西藏	79654	42845	62351	37847
陕西	958101	409535	5080	367542
甘肃	723331	296517	59157	261626
青海	144834	66692	42979	49195
宁夏	144810	69252	33710	53287
新疆	611815	362181	331160	218440
其他	7677745	2795273	373426	3682101

2-3-7 各地区公有制经济领域专业技术人才资源年龄结构情况

单位：人

地区	总数	35岁及以下	36—40岁	41—45岁	46—50岁	51—54岁	55岁及以上
全国总计	**34783060**	**13026448**	**6193113**	**5901588**	**4841952**	**3004473**	**1815486**
北京	605152	269426	89487	99975	71281	46704	28279
天津	353261	128676	53213	61923	44131	35269	30049
河北	1359240	482697	285870	231087	182409	111551	65626
山西	1044115	371875	190550	181554	154034	92684	53418
内蒙古	677116	210165	119353	127969	109680	71636	38313
辽宁	913537	260187	156468	175769	154576	109449	57088
吉林	671756	162631	142478	141423	113233	74611	37380
黑龙江	864339	226056	169765	173745	144673	100146	49954
上海	729817	341671	110689	105535	77412	52653	41857
江苏	1315657	471321	256373	218986	179963	111013	78001
浙江	1113627	493455	200171	163831	119018	80435	56717
安徽	943756	300660	177891	162436	142767	90617	69385
福建	734705	292197	142719	121954	89804	54130	33901
江西	853154	314487	152558	133703	120979	77700	53727
山东	2136226	700291	434483	377599	300118	190690	133045
河南	1680917	599558	354090	283320	216609	133941	93399
湖北	973112	241674	187656	196553	160669	112562	73998
湖南	1151262	349779	235030	211284	172259	105113	77797
广东	1687335	653548	331465	289803	218800	121584	72135
广西	898553	322648	177718	149515	132550	65945	50177
海南	178654	59900	30738	31742	27367	17522	11385
重庆	563166	214871	93008	96921	82740	45274	30352
四川	1327013	485795	236062	221873	198083	109064	76136
贵州	773532	353970	131871	106600	97255	54272	29564
云南	893768	357808	177357	150391	118039	62572	27601
西藏	79654	53079	11764	7863	4315	1907	726
陕西	958101	366224	187998	153051	118971	81532	50325
甘肃	723331	345708	118820	100486	82216	47800	28301
青海	144834	56159	26930	26518	22804	9875	2548
宁夏	144810	42791	26297	27907	26507	13406	7902
新疆	611815	265266	122317	102460	71941	35885	13946
其他	7677745	3231875	1061924	1267812	1086749	686931	342454

2-3-8 各地区公有制经济领域专业技术人才资源学历结构情况

单位：人

地 区	总 数	研究生	大学本科	大学专科	中 专	高中及以下
全国总计	**34783060**	**2475552**	**17288777**	**10779887**	**3146629**	**1092215**
北 京	605152	81724	358019	120310	30638	14461
天 津	353261	32996	197967	81686	30162	10450
河 北	1359240	53721	647469	478023	152036	27991
山 西	1044115	43331	478870	366892	122854	32168
内蒙古	677116	30297	331955	232693	58649	23522
辽 宁	913537	71276	472587	266125	78211	25338
吉 林	671756	30212	311065	212393	98286	19800
黑龙江	864339	40972	423806	280359	104389	14813
上 海	729817	84876	406992	171342	39688	26919
江 苏	1315657	106218	775958	295928	97193	40360
浙 江	1113627	77978	712383	239438	48103	35725
安 徽	943756	42488	425619	333652	124271	17726
福 建	734705	38275	370949	221173	85565	18743
江 西	853154	32402	346658	311014	128304	34776
山 东	2136226	119531	1151900	569304	220525	74966
河 南	1680917	71683	737933	628392	216690	26219
湖 北	973112	42543	418877	346159	121153	44380
湖 南	1151262	41268	497715	431811	138382	42086
广 东	1687335	104369	852604	539332	142309	48721
广 西	898553	41997	381022	342013	107276	26245
海 南	178654	6716	67894	66268	27528	10248
重 庆	563166	33171	296050	186803	32067	15075
四 川	1327013	50592	594769	514521	124884	42247
贵 州	773532	23362	360834	308057	65626	15653
云 南	893768	34512	449719	316947	70718	21872
西 藏	79654	3049	35906	33420	5530	1749
陕 西	958101	53773	428897	339398	101301	34732
甘 肃	723331	23128	347800	262843	65633	23927
青 海	144834	3863	77087	49757	9679	4448
宁 夏	144810	6612	77360	46801	10471	3566
新 疆	611815	18251	269543	241549	72156	10316
其 他	7677745	1030366	3982570	1945484	416352	302973

2-3-9 各地区公有制经济领域专业技术人才资源职称结构情况

单位：人

地 区	总 数	高 级		中 级	初 级	其他人员
			正高级			
全国总计	**34783060**	**3846544**	**362849**	**11452431**	**12364914**	**7119171**
北 京	605152	66127	6747	172813	193608	172604
天 津	353261	59611	5493	130632	103595	59423
河 北	1359240	147144	15989	471016	525598	215482
山 西	1044115	79962	6636	331174	447801	185178
内蒙古	677116	96851	6775	204349	231173	144743
辽 宁	913537	157759	16609	357074	200532	198172
吉 林	671756	77933	8172	222080	243814	127929
黑龙江	864339	146370	15657	326073	260363	131533
上 海	729817	60784	7139	208136	210548	250349
江 苏	1315657	210781	20056	548322	367446	189108
浙 江	1113627	146921	14763	387372	373658	205676
安 徽	943756	99331	5892	354166	358607	131652
福 建	734705	83724	6980	261043	270886	119052
江 西	853154	92729	6489	280544	322405	157476
山 东	2136226	219951	16333	720394	790465	405416
河 南	1680917	160998	12267	579916	591230	348773
湖 北	973112	109748	8007	395694	279343	188327
湖 南	1151262	112198	8547	448857	382082	208125
广 东	1687335	159778	16315	681805	572034	273718
广 西	898553	55172	4764	352065	334957	156359
海 南	178654	14473	1388	50781	79661	33739
重 庆	563166	54165	4602	177196	214370	117435
四 川	1327013	133349	7965	428312	531165	234187
贵 州	773532	54776	3982	229420	299195	190141
云 南	893768	90674	5896	328278	371079	103737
西 藏	79654	3943	406	18828	44495	12388
陕 西	958101	78616	6736	260660	412283	206542
甘 肃	723331	48778	3380	179597	311371	183585
青 海	144834	17771	1607	45512	62346	19205
宁 夏	144810	19951	2296	46022	54325	24512
新 疆	611815	55624	4357	145730	296295	114166
其 他	7677745	930552	110604	2108570	2628184	2010439

2-3-10 各地区公有制经济领域专业技术人才资源专业技术类别情况

单位：人

地区	总数	工程技术人员	农业技术人员	科学研究人员	卫生技术人员	教学人员	其他人员
全国总计	**34783060**	**6341035**	**729434**	**438853**	**4294558**	**12871862**	**10107318**
北京	605152	129352	4552	8332	95943	168685	198288
天津	353261	71740	3137	3863	59779	123647	91095
河北	1359240	129566	27606	4059	187666	698938	311405
山西	1044115	177869	25313	4442	124146	428161	284184
内蒙古	677116	64970	24058	3166	89489	302635	192798
辽宁	913537	99064	24076	6461	144488	378118	261330
吉林	671756	64711	28132	5943	97194	296224	179552
黑龙江	864339	108918	43438	8117	136526	357970	209370
上海	729817	132872	3765	6015	101941	167096	318128
江苏	1315657	111960	26336	8737	230089	673782	264753
浙江	1113627	118416	16190	5854	232231	466971	273965
安徽	943756	98131	20783	3348	136658	498490	186346
福建	734705	76157	12962	8771	106517	372909	157389
江西	853154	73969	20046	3303	125756	434519	195561
山东	2136226	293161	56310	20735	296544	906360	563116
河南	1680917	122454	29917	5531	214501	885129	423385
湖北	973112	71568	16486	3634	181493	464468	235463
湖南	1151262	98599	28793	6735	194935	548430	273770
广东	1687335	155964	12772	5850	283499	888862	340388
广西	898553	144800	17430	3387	119225	440047	173664
海南	178654	8293	3992	692	29682	94180	41815
重庆	563166	56688	14732	2070	78365	270425	140886
四川	1327013	123887	44239	7742	204370	667937	278838
贵州	773532	62583	23537	2532	95826	401588	187466
云南	893768	116936	40171	3949	121493	473469	137750
西藏	79654	4043	6412	412	10716	39966	17725
陕西	968977	130246	26841	3911	134664	392928	280387
甘肃	705139	65753	29285	2637	84921	321643	200900
青海	147210	21310	9027	1444	25725	60677	29027
宁夏	137750	14412	9193	965	15805	66269	31106
新疆	586434	47967	30607	2856	83161	281622	140221
其他	7396903	3173942	38333	276509	246112	278206	3383801

2-3-11 各地区公有制经济领域专业技术人才资源行业分布情况（一）

单位：人

地区	总数	农林牧渔业	采矿业	制造业	电力、热力、燃气及水生产和供应业	建筑业	批发和零售业	交通运输、仓储和邮政业
全国总计	**34783060**	**1391412**	**968976**	**1864844**	**734348**	**1356321**	**361308**	**1214976**
北京	605152	12588	5457	75623	9860	47929	9436	12457
天津	353261	6935	296	41135	4662	13828	524	8501
河北	1359240	51481	32284	39738	11604	21096	7960	40558
山西	1044115	47370	109468	32538	12625	28407	11638	22249
内蒙古	677116	58807	236	7991	10500	1652	139	19070
辽宁	913537	45099	8720	44456	5766	9149	2453	25110
吉林	671756	66851	8617	880	3478	6224	806	9228
黑龙江	864339	131523	31746	11124	5404	24226	2973	23224
上海	729817	5783	147	67411	5973	26333	15036	19249
江苏	1315657	42898	4577	29578	8481	7050	8275	39048
浙江	1113627	26635	498	22039	15686	18992	17033	36617
安徽	943756	35108	29139	37852	4778	15174	5552	20878
福建	734705	24834	3501	12596	4371	12343	5393	19061
江西	853154	47124	16723	17027	2614	6374	1899	18939
山东	2136226	108979	62236	102664	23034	32687	17436	71331
河南	1680917	63201	39597	29603	6325	16908	4507	41057
湖北	973112	35746	1677	14425	6342	9909	4158	26282
湖南	1151262	55592	7321	26653	6805	17212	9186	21101
广东	1687335	34356	2281	41642	21912	34095	14776	46147
广西	898553	36173	1522	26182	8703	22796	2346	18172
海南	178654	15323	195	444	599	2257	303	3235
重庆	563166	23941	7771	18159	4486	15944	4774	12721
四川	1327013	71645	9697	21237	16213	33068	3003	20098
贵州	773532	40115	8458	15412	2419	11778	2005	15482
云南	893768	63875	16996	27403	6885	25144	1248	17776
西藏	79654	6547	75	53	394	460	147	1106
陕西	958101	60958	38633	44402	11050	35754	4778	22509
甘肃	723331	63746	12888	14971	4940	19444	1225	13873
青海	144834	10927	2037	8376	1211	1944	123	3075
宁夏	144810	11352	544	72	2393	3373	104	3483
新疆	611815	45621	1067	5838	3173	7417	1817	9958
其他	7677745	40279	504572	1027320	501662	827354	200255	553381

2-3-12 各地区公有制经济领域专业技术人才资源行业分布情况（二）

单位：人

地区	总数	住宿和餐饮业	信息传输、软件和信息技术服务业	金融业	房地产业	租赁与商务服务业	科学研究和技术服务业
全国总计	**34783060**	**44956**	**590966**	**2342562**	**202072**	**97940**	**1227790**
北京	605152	2019	3434	13004	15522	2571	16864
天津	353261	840	5128	3587	6369	2627	11944
河北	1359240	2239	1990	3126	6915	1889	19451
山西	1044115	1657	2233	11855	1636	3783	23328
内蒙古	677116	111	1639	710	694	938	10644
辽宁	913537	485	2898	4064	5163	1540	22276
吉林	671756	582	2643	736	3060	775	16799
黑龙江	864339	610	3147	2606	6958	773	15608
上海	729817	1753	11933	153776	13192	7179	29693
江苏	1315657	1680	1998	12243	3490	5427	23537
浙江	1113627	2114	4116	10891	7721	3881	20429
安徽	943756	753	1145	4089	4657	1088	21546
福建	734705	1263	8097	23117	6629	2849	14625
江西	853154	582	1206	7319	3386	1756	21177
山东	2136226	3951	13657	13928	6164	5013	35198
河南	1680917	1964	2465	4704	7728	3313	26487
湖北	973112	400	1079	2160	7250	1973	18334
湖南	1151262	3107	1780	28543	2045	1811	18598
广东	1687335	2073	3065	32156	16622	7964	32089
广西	898553	717	667	2436	3172	3734	13073
海南	178654	135	379	1191	785	381	2472
重庆	563166	664	2905	19054	3635	1163	7777
四川	1327013	818	5116	5243	4964	1901	26298
贵州	773532	324	3326	22977	1421	1515	12722
云南	893768	1039	3224	4944	2054	644	12616
西藏	79654	122	131	17	5	43	1578
陕西	958101	2189	2204	5236	3231	945	17569
甘肃	723331	512	563	8925	1372	757	12935
青海	144834	57	884	234	521	122	6472
宁夏	144810	16	318	3993	590	98	3056
新疆	611815	602	1633	1416	855	720	12904
其他	7677745	9578	495963	1934282	54266	28767	699691

2-3-13 各地区公有制经济领域专业技术人才资源行业分布情况（三）

单位：人

地 区	总 数	水利环境和公共设施管理业	居民服务、修理和其他服务业	教 育	卫生和社会工作	文化、体育和娱乐业	公共管理、社会保障和社会组织	国际组织
全国总计	**34783060**	**735666**	**167092**	**13567279**	**4367418**	**815049**	**2731827**	**258**
北 京	605152	17320	7585	190185	109230	20411	33657	
天 津	353261	13324	3131	138082	67147	9962	15239	
河 北	1359240	38925	5609	719967	196543	30621	127211	33
山 西	1044115	29171	3540	443185	121278	28519	109635	
内蒙古	677116	21558	6242	314178	99115	25096	97794	2
辽 宁	913537	31728	4762	401510	160533	27369	110440	16
吉 林	671756	25736	2502	322354	110275	27328	62882	
黑龙江	864339	23922	3059	376977	123807	24130	52519	3
上 海	729817	15189	4942	185335	108248	28408	30237	
江 苏	1315657	44212	11790	712222	242750	39280	77121	
浙 江	1113627	27205	4766	486825	243892	36216	128071	
安 徽	943756	18302	2482	512342	141978	19359	67498	36
福 建	734705	11782	8026	386306	113070	18973	57869	
江 西	853154	17151	4135	448873	131587	17530	87749	3
山 东	2136226	62403	13106	949964	310121	55238	249112	4
河 南	1680917	48056	8082	918838	241316	38738	177962	66
湖 北	973112	30523	2326	481957	194596	25175	108791	9
湖 南	1151262	32738	7266	557749	203340	32360	118055	
广 东	1687335	29021	7001	917725	306955	40116	97314	25
广 西	898553	12684	1612	451205	128924	16200	148227	8
海 南	178654	2621	577	97652	28294	4387	17424	
重 庆	563166	11867	1142	281817	81171	13872	50303	
四 川	1327013	27242	4323	692304	217786	29411	136640	6
贵 州	773532	15970	1348	410666	106127	16166	85301	0
云 南	893768	18067	2025	482674	128665	22861	55611	17
西 藏	79654	1019	1099	41126	11366	7266	7100	
陕 西	958101	28879	14544	419097	126069	29354	90675	25
甘 肃	723331	19019	3707	333210	94155	20402	96682	5
青 海	144834	3475	877	59988	27051	4732	12728	
宁 夏	144810	6096	1444	67153	22861	5151	12713	
新 疆	611815	16700	5370	301864	97299	22594	74967	
其 他	7677745	33761	18672	463949	71869	77824	134300	

2-3-14 各地区公有制经济领域专业技术人才资源继续教育情况

单位：人次

地 区	总人次	培 训	学历学位教育
全国总计	**53714066**	**52065461**	**1648605**
北 京	3106029	3003707	102322
天 津	521907	506872	15035
河 北	1157001	1107466	49535
山 西	790279	750708	39571
内蒙古	635847	624935	10912
辽 宁	897394	872498	24896
吉 林	500084	493281	6803
黑龙江	494551	471059	23492
上 海	1125552	1083846	41706
江 苏	2565940	2384407	181533
浙 江	2063530	1997013	66517
安 徽	949788	916891	32897
福 建	963307	929280	34027
江 西	618364	588961	29403
山 东	2000632	1905010	95622
河 南	987243	933628	53615
湖 北	912731	888735	23996
湖 南	756747	692606	64141
广 东	4567504	4430978	136526
广 西	2258077	2139808	118269
海 南	304269	289835	14434
重 庆	1486333	1448630	37703
四 川	3124039	2991323	132716
贵 州	1036297	1013325	22972
云 南	922171	892445	29726
西 藏	19946	16997	2949
陕 西	742371	699992	42379
甘 肃	641995	627010	14985
青 海	162375	152601	9774
宁 夏	182662	180173	2489
新 疆	317640	309646	7994
其 他	16901461	16721795	179666

主要统计指标解释

专业技术人员 指在各类单位中从事专业技术工作、专业技术管理工作以及在管理岗位工作具有专业技术职务（资格）的人员。

在管理岗位工作的专业技术人员 指从事专业技术管理工作或在管理岗位工作具有专业技术职务（资格）的人员。

专业技术职务 指按现行专业技术职务任职资格序列，被聘任相关专业技术职务的人员。

高级职务 指按现行专业技术职务任职资格序列，受聘高级专业技术职务岗位。

副高级职务 指按现行专业技术职务任职资格序列，受聘副高级专业技术职务岗位。

中级职务 指按现行专业技术职务任职资格序列，受聘中级专业技术职务岗位。

初级职务 指按现行专业技术职务任职资格序列，受聘初级专业技术职务岗位。

所有制分布 依据国家统计局有关所有制划分的规定，专业技术人才在公有制经济领域和非公有制经济领域的分布情况。

继续教育 指对专业技术人才进行的以补充、更新、拓展知识、改善知识结构、提高专业技能水平和创新能力为目的的教育。

三、国家人才发展监测与评价主要指标

简要说明

一、主要内容

本篇资料通过三类主要指标反映2014年度全国人才资源发展监测与评价的总体状况，包括：人才资源综合实力指数等核心指标，国民平均受教育年限等规模与素质指标，人力资本投资占GDP的比例等投入与效能指标。

二、资料来源

本篇资料中，人才资源综合实力指数、人力资本贡献率、人才贡献率、国民平均受教育年限、从业人员在第一、二、三次产业中所占比例、人力资本投资占GDP的比例等指标由国家统计局计算提供；新增劳动人口平均受教育年限、主要劳动年龄人口受过高等教育的比例等指标由教育部计算提供；每万劳动力中研发（R&D）人员、每万劳动力中R&D研究人员、国际科技论文收录量（含港澳）、国际科技论文被引用量（含港澳）等指标由科技部计算提供；财政性教育支出、政府预算卫生支出、全国研究与试验发展经费等指标由财政部计算提供；本国人发明专利授权量（含港澳台）、本国人PCT国际专利申请量（含港澳台）等指标由国家知识产权局计算提供；人才国际竞争力指数指标由中国社会科学院计算提供；创业活动指数指标由清华大学计算提供。

图书在版编目（CIP）数据

中国人才资源统计报告. 2014 / 中共中央组织部编
. —北京 : 党建读物出版社, 2016. 9
ISBN 978-7-5099-0765-8

Ⅰ. ①中… Ⅱ. ①中… Ⅲ. ①人才资源开发—统计资料—中国—2014 Ⅳ. ① C964. 2-66

中国版本图书馆 CIP 数据核字（2016）第 155041 号

中国人才资源统计报告 2014
ZHONGGUO RENCAI ZIYUAN TONGJI BAOGAO 2014
中共中央组织部　编

责任编辑： 朱玲
责任校对： 张学民
出版发行： 党建读物出版社
地　　址： 北京市西城区南横东街 6 号（邮编：100052）
网　　址： http://www.djcb71.com
电　　话： 010-58587632/7681
经　　销： 新华书店
印　　刷： 北京盛通印刷股份有限公司
印　　数： 1—5000
2016 年 9 月第 1 版　2016 年 9 月第 1 次印刷
880 毫米 ×1230 毫米　16 开本　4.25 印张　64 千字
ISBN 978-7-5099-0765-8　定价：38.00 元

高级管理人员，一般具备中级以上职称或博士学历（或学位）。

财政性教育支出 指政府用于国家教育事业的财政性经费支出，包括国家财政预算内教育经费，各级政府征收用于教育的税费，企业办学中的企业拨款，校办产业和社会服务收入用于教育的经费。该指标用以反映和衡量我国对教育投入的经费数量和水平。

政府预算卫生支出 指各级政府用于卫生事业的财政拨款，包括上级财政拨款和本级财政拨款。上级财政拨款指上级政府财政部门或卫生部门对其下级政府所属卫生机构的财政预算补助。本级财政拨款指本级政府对其所属卫生机构的财政预算补助。

全国研究与试验发展经费 指研发（R&D）经费支出中的政府拨款。

本国人发明专利授权量 指我国申请人获得的由国家专利局授予的发明创造专有权数量。

本国人 PCT 国际专利申请量 指我国申请人向世界知识产权组织提交的 PCT（Patent Cooperation Treaty 的简称，指《专利合作条约》）国际专利申请数量。

国际科技论文收录量 指我国作者发表在国际主要科技期刊和会议上的论文数量。国际论文数据取自国际上颇具影响的检索工具《科学引文索引》（SCI）、《工程索引》（EI）和《科学技术会议录索引》（ISTP）。国际论文数量是指上述三个检索系统收录的我国科技人员发表的论文数之和。

国际科技论文被引用量 指我国作者发表在国际主要科技期刊上的论文被引用的数量，数据来源于 SCI。

主要统计指标解释

人才资源综合实力指数 该指数选取就业人数、劳动生产率、25—64岁人口中大学生比例、人均教育投资、人均卫生投资、研发人员数量、研发经费支出、三方专利申请量、SCI论文引证次数、高技术产业增加值等指标，以规模和素质的统一规定性为基础，采用综合指数法形成。通过计算该指数，可以比较不同国家的人才资源实力及其相对差异。

人才国际竞争力指数 人才国际竞争力指数是由人才主体、人才环境、人才创新、人才创富四个方面的若干指标经过加权计算并进行国际比较所得的相对数值。

人力资本贡献率 人力资本是以劳动者的质量或其拥有的技术、知识、工作能力所表现出来的资本。人力资本与物质资本两者共同构成国民财富。人力资本贡献率是指人力资本作为经济运行中的投入要素，通过其自身形成的递增收益，从而对经济总产出所作出的贡献份额。国内外学者一般运用柯布—道格拉斯（Cobb-Douglas）生产函数法来测算人力资本要素对经济增长的贡献率。在衡量人力资本投入时，一般将教育培训、医疗卫生、研发等投入都计算在内；而在测算人力资本对经济增长贡献率时，普遍采用对形成人的知识、技术及工作能力有直接作用的教育投入的结果——从业人员受教育年限总数来代表人力资本进行计算。

创业活动指数 创业活动指数是基于GEM（Global Entrepreneurship Monitor的简称，指全球创业观察项目）概念框架和调查数据计算，用以衡量一个国家创业活动活跃程度和特征的全球通用性指标，即每百位18至64岁成年人中参与早期创业活动的人数，可进一步分为生存型创业指数和机会型创业指数。在创业活动指数基础上，计算大学本科及以上学历创业者的创业活动指数，即可得出人才创业活动指数。

国民平均受教育年限 指15岁及以上人口所受普通教育的年限总和与15岁及以上人口总数之比。

新增劳动人口平均受教育年限 指当年新增劳动人口所受普通教育的年限总和与当年新增劳动人口总数之比。

每万劳动力中R&D研究人员 指每万劳动力中研究人员全时当量数。R&D研究人员指R&D人员中从事新知识、新产品、新工艺、新方法、新系统的构想或创造的专业人员及R&D课题的

3-1 国家人才发展监测与评价主要指标

指 标	单 位	2014 年
一、核心指标		
人才资源综合实力指数		0.082
人才国际竞争力指数		0.546
人力资本贡献率	%	35.0
人才贡献率	%	32.5
创业活动指数	%	15.5
二、规模与素质		
国民平均受教育年限	年	9.3
新增劳动人口平均受教育年限	年	13.3
主要劳动年龄人口受过高等教育的比例	%	15.8
每万劳动力中研发（R&D）人员	人年 / 万人	48.0
每万劳动力中 R&D 研究人员	人年 / 万人	19.7
第一产业从业人员所占比例	%	29.5
第二产业从业人员所占比例	%	29.9
第三产业从业人员所占比例	%	40.6
三、投入与效能		
人力资本投资占 GDP 的比例	%	15.3
财政性教育支出	亿元	26420.6
政府预算卫生支出	亿元	10176.8
全国研究与试验发展经费	亿元	13015.6
本国人发明专利授权量（含港澳台）	件	162680
本国人 PCT 国际专利申请量（含港澳台）	件	24007
国际科技论文收录量（含港澳）	万篇	26.4
国际科技论文被引用量（含港澳）	万篇	158.1
国际科技论文被引用量（含港澳）	万次	1287.6